SOUVENIRS RELIGIEUX.

Pavete ad sanctuarium meum.
(Biblia Sacra.)

Par PAUL ELLION, A. P.

Prix 30 centimes.

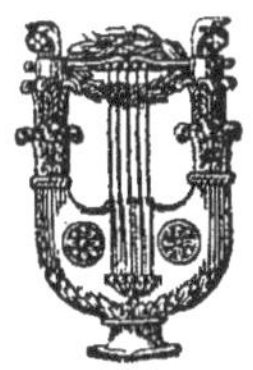

PARIS.

Chez JULES LAINÉ, Libraire,
PASSAGE VÉRO-DODAT, N° 1.

1841.

NOTRE-DAME.

Un dimanche du mois dernier je passais devant l'église Notre-Dame ; je voulus y entrer, elle était fermée. A cause d'une cérémonie de famille, les chrétiens de cette paroisse durent ce jour-là assister où ils purent à l'office divin.

Un poëte a dit : *Virtus post nummos.* Dieu après l'homme, disait alors Notre-Dame.

Me sera-t-il permis de dire : l'homme après Dieu !

PAUL ELLION, A. P.

Juin 1841.

NOTRE-DAME.

SOUVENIRS RELIGIEUX.

Pavete ad sanctuarium meum.
(BIBLIA SACRA.)

PAUL ELLION, A. P.

PARIS.

IMPRIMERIE DE MOESSARD ET JOUSSET,
RUE FURSTEMBERG 8.

1841.

NOTRE-DAME.

SOUVENIRS RELIGIEUX.

I.

Depuis plus de dix ans la sainte Basilique,
Sur la rive du fleuve assise noblement,
Comme un ange exilé soupirant son cantique,
Écartait de son sein tout profane ornement.
Emblême du Seigneur, sa paisible demeure,
Pour le riche et le pauvre accessible à toute heure,
Bonne mère pour tous, prodiguait à chacun
L'espérance et l'amour, un asile commun;

Et si parfois la foule inondant les portiques,
Se pressait, à grands flots sous les arceaux gothiques,
C'était pour adorer inclinée, à genoux
La majesté de Dieu descendant jusqu'à nous,
Et le temple béni qui pensif et tranquille
Comme un bras protecteur s'élève sur la ville.
Les triomphes d'un jour, les gloires d'un moment,
La mer de passions battant au cœur des hommes
En désirs impuissans, en dévorans fantômes,
Passaient, sans l'effleurer, au pied du monument;
Et la foi contemplant la vieille cathédrale,
Sur nos mourans débris, ferme et toujours égale,
Son front calme et serein, sa noble majesté,
Tout son luxe pompeux de chaste nudité,
Croyait voir en esprit, monter du sanctuaire,
Chemin toujours ouvert à l'ardente prière,
L'échelle de Jacob, lien mystérieux
Qui partant de la terre allait finir aux cieux.

Mais Dieu n'est après tout que Dieu. Sur notre terre,
Chacun en est d'accord, son culte est nécessaire.
Près d'un berceau d'enfant, d'un cercueil de vieillard
Il est bien vers le ciel d'élever son regard;
Mais l'homme peut et doit, dans les tems où nous sommes,
Laisser Dieu de côté pour cultiver les hommes;

Il est toujours là haut des accomodemens
Et l'on peut bien pour soi garder quelques momens.
Quand un roi par hasard, vient à la cathédrale,
On doit la décorer ainsi qu'une vassale
Et le prêtre, à l'autel dérobant l'encensoir,
Peut et doit s'incliner devant l'homme au pouvoir.

Du trône et de l'autel l'alliance profane
Est la rose d'un jour qui périt et se fane
Aux rayons du soleil, au caprice des vents;
Car Dieu n'a pas d'égal, Dieu règne sur les temps;
Et quand vous avez vu quelque gloire mondaine
Se ruer dans la nef, escalader l'autel
Et sur le tabernacle assise en souveraine,
Au pied du crucifix, insulter l'Eternel;
C'était un jugement de suprême colère,
C'était Dieu qui voulait se montrer à la terre,
Et laissait jusqu'au ciel monter l'ambitieux,
Pour frapper de plus haut son vol audacieux.

II.

Sous le poids du sommeil ma tête est affaissée,
Dans un affreux chaos se roule ma pensée ;
Sur les champs de la mort, j'ai, comme Ezéchiel,
Vu les tombeaux s'ouvrir à la face du ciel
Et, du gouffre béant où tombent les années,
Sortir, en tourbillons, des ombres décharnées,
Pâle et tremblant troupeau qu'un archange éclatant
A l'éternelle nuit ravissait un instant.
Ces morts se sont levés, leur regard étincelle,
La vie, avec horreur, dans leurs veines ruisselle ;
Le temps présent n'est plus ; à mon œil incertain
Il brille faiblement, comme un phare lointain ;
Le Passé, secouant sa robe de poussière,
Renaît épouvanté de revoir la lumière,
Au cœur de ses enfants l'ardente passion
De nouveau va régner ivre d'illusion,
Et sous mes yeux surpris recommence l'histoire
Avec ses monuments, sa bassesse, sa gloire.

Partout je lis ces mots : Vive la liberté !
L'égalité, là mort ou la fraternité !
Le Peuple est souverain. Sa terrible colère
Sur la tête des rois a posé le niveau,
De son bras tout-puissant il laboure la terre
Et de ses flancs sanglans naît un ordre nouveau.
Mais ce peuple vainqueur, enivré de sa gloire,
A méconnu la main qui donne la victoire ;
Fier d'avoir culbuté le trône et le blason,
Il veut saper l'autel au nom de la raison !....
Sous la voûte sacrée une déesse immonde
Ose venir s'asseoir à la honte du monde !...
L'homme a bravé son Dieu... Patience !... un vengeur
Va renverser l'Idole et son adorateur.

Législateur et Capitaine,
Un homme a renoué la chaîne
Qu'un jour brisa le peuple-roi.
Lorsque sa voix, comme un tonnerre,
Au monde annonce sa colère,
Le monde plie avec effroi.

Dans le roman de son histoire
Tout combat est une victoire,

Toute entreprise est un succès.
Géant à la tête féconde
Il court, il bat, il fonde,
Son glaive en tout lieu trouve accès.

Jamais au vieux pays de France
Nul n'alluma plus d'espérance,
Nul ne fit mieux battre le cœur
Que cet homme, profond mystère,
Avec ses trois noms sur la terre :
Général, Consul, Empereur!

Entendez-vous ces cris et ces chants d'allégresse ?
D'un peuple applaudissant c'est la mouvante ivresse!
Telle qu'un champ d'épis ballotés par le vent,
La foule diaprée ondule vaguement;
Le flot presse le flot, le flot renaît sans cesse,
On dirait que Paris veut rentrer dans Lutèce;
Des prêtres, des soldats, les cloches, le canon
Réunissent leurs voix dans un concert sans nom,
Sous l'église autrefois triste et silencieuse
L'orgue fait retentir sa note harmonieuse,

La soie unie à l'or, en brillans oripeaux
Serpente sous la nef, se tord sous les arceaux,
Les feux sont allumés au fond du sanctuaire,
Au ciel avec l'encens s'élève la prière,
Et je vois tour-à-tour, au temple de la foi,
Des *te Deum*, vainqueurs à la voix triomphale,
Pavoisant de drapeaux la fière cathédrale,
Un sacre, un mariage, un baptême de roi!....
Oh! cet homme qu'un peuple, avec amour contemple,
Ce chrétien dont les mains ont rouvert le saint temple,
Peut y venir troner!... Attendez!... Et du Nord
S'élancent des soldats poussant des cris de mort!...
Plus de pompe au saint lieu...partout le bruit des armes,
La vengeance et du sang; la vengeance et des larmes,
Puis un sublime effort, une vive lueur!...
Mais l'astre était tombé!... Dieu brisait l'Empereur.

Et j'ai vu s'avancer la vieille monarchie
Rapportant de l'exil une tête blanchie:
Son sang jadis teignit le bois de l'échafaud,
A ses jours fortunés de plaisirs et de fêtes
Succédèrent longtemps d'effrayantes tempêtes,
Les leçons du malheur ne lui font pas défaut....
Mais l'homme est oublieux. On dirait que l'église
Est une arène ouverte, une terre promise

Où le vainqueur du jour doit, armé d'un marteau,
Venir graver son nom et planter son drapeau.
Sur les voix de l'écho, la vieille cathédrale
Redit encore un chant de gloire impériale,
L'autel est décoré de ses abeilles d'or,
Au sommet des deux tours son aigle plane encor;
Et déjà, sans trembler, une gloire nouvelle
En somptueux festons se déroule, ruisselle,
Sur des noms effacés inscrit un nom nouveau
Et sur les trois couleurs arbore son drapeau.
Inutiles efforts! Le pauvre grain de sable
Toujours vient se heurter à la main qui l'accable!
Voyez au temple saint la vieille royauté
Fière de souvenirs, de légitimité,
Encor des *te Deum*, des fêtes, un baptême,
Sur la tête d'un roi l'onction du saint chrême....
Et puis....voici Juillet!....Mon œil est ébloui....
Sur les fils de la mort l'archange étend son aile....
Ils rentrent effarés dans la nuit éternelle....
Je m'éveille en sursaut.... Tout s'est évanoui!

III.

Depuis lors, chaque jour, sous la voûte pieuse,
Écoutant des échos la voix mystérieuse,
Je demandais aux murs les vieux noms effacés,
Les gloires d'autrefois, les triomphes passés :
Et toujours dans ce livre à la page éloquente,
Où le temps a laissé son empreinte brûlante,
Planant sur nos succès, planant sur nos revers,
Le nom de Jéhovah dominait l'univers.

Notre-Dame pour Dieu vous paraît assez belle,
Son front par nos fureurs, par le temps mutilé,
Dans les jours vénérés de fête solennelle,
Sous un manteau trompeur ne fut jamais voilé;
Et vous avez osé, dépouillant toute crainte,
Pour un homme parer, embellir son enceinte,
Par vos apprêts bruyans profanant le saint lieu,
Défendre à tout chrétien d'y venir prier Dieu

Et sur les murs bénis, au sommet des portiques,
Écrire en lettres d'or, en festons magnifiques :
Ce qui suffit pour Dieu n'est pas bon pour un roi !
Ah ! lorsque vous venez au temple de la foi,
Déposez sur le seuil vos sceptres, vos couronnes,
N'allez pas hardiment placer sur les colonnes,
Rivaux présomptueux, votre nom, vos drapeaux ;
Car devant le Seigneur les hommes sont égaux,
Car celui qui nous fit de la même poussière,
Qui tient sujets et rois sous sa puissante main,
De l'altier Pharisien repousse la prière
Et sourit aux accens de l'humble Publicain.

Vous voulez du Seigneur décorer la demeure?
Eh bien! autour de vous, chaque jour, à chaque heure,
L'homme, temple vivant, tout couvert de haillons,
S'incline, avec douleur, sur d'arides sillons.
Parez ce temple-là, car il est votre frère,
Secourez son malheur, soulagez sa misère ;
Et le jour où jamais, au milieu du chemin,
Un homme ne viendra vers vous tendant la main,
Sous l'église de pierre étalez vos largesses,
Déployez sur ses murs l'éclat de vos richesses,
Et peut-être qu'alors le Dieu de majesté
Absoudra votre orgueil pour votre charité.

IV.

Mais tandis que j'errais pensif et solitaire,
Oubliant les soucis, les combats de la terre,
Soudain un bruit nouveau retentit au saint lieu.....
C'était....c'était encore une pompe royale !....
C'était encore un nom mis sur la cathédrale !....
Ah! l'homme est insensé !..Pitié! mon Dieu, mon Dieu!

FIN.

BIBLIOTHEQUE ROYALE
I

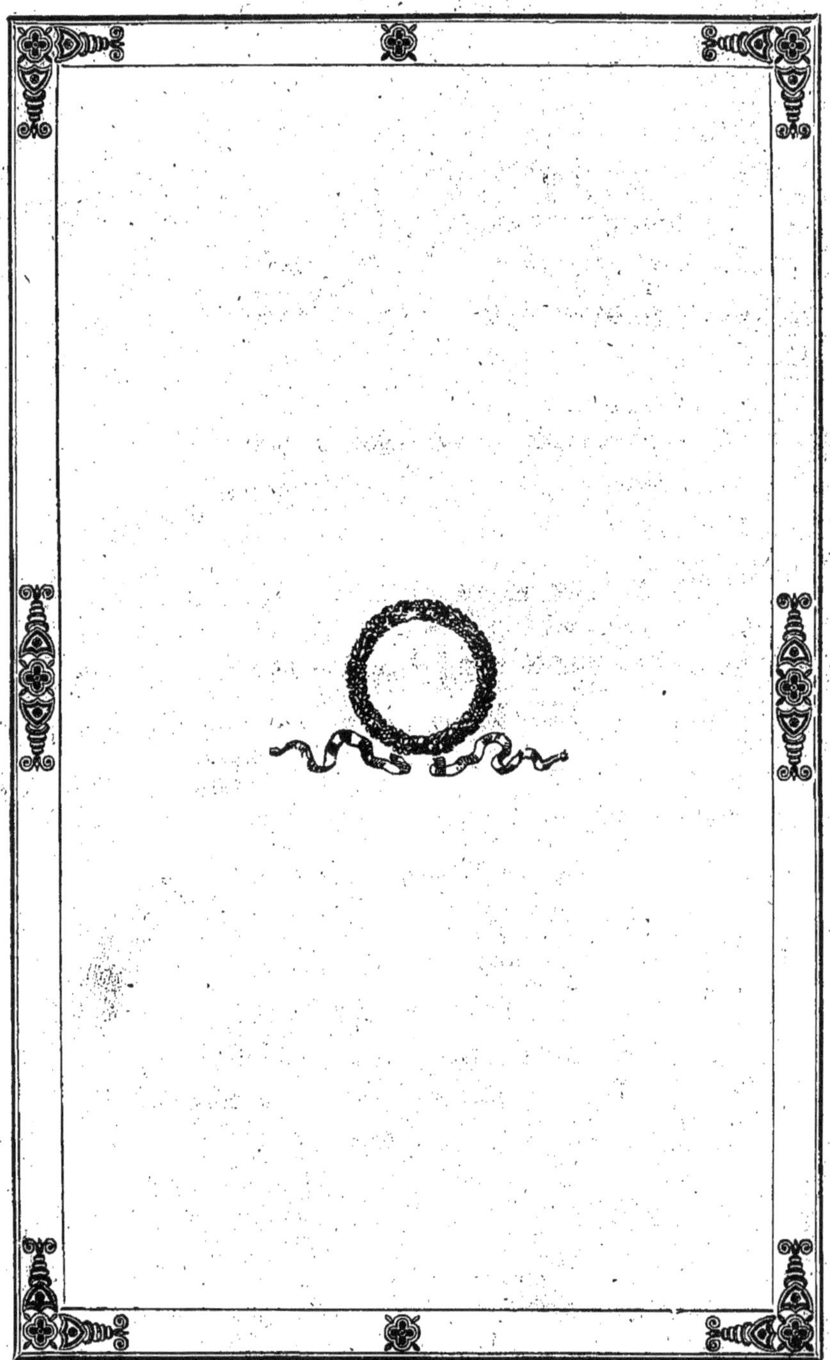

www.ingramcontent.com/pod-product-compliance
Lightning Source LLC
LaVergne TN
LVHW010020230826
846092LV00002B/918

* 9 7 8 2 0 1 9 2 5 3 2 4 0 *